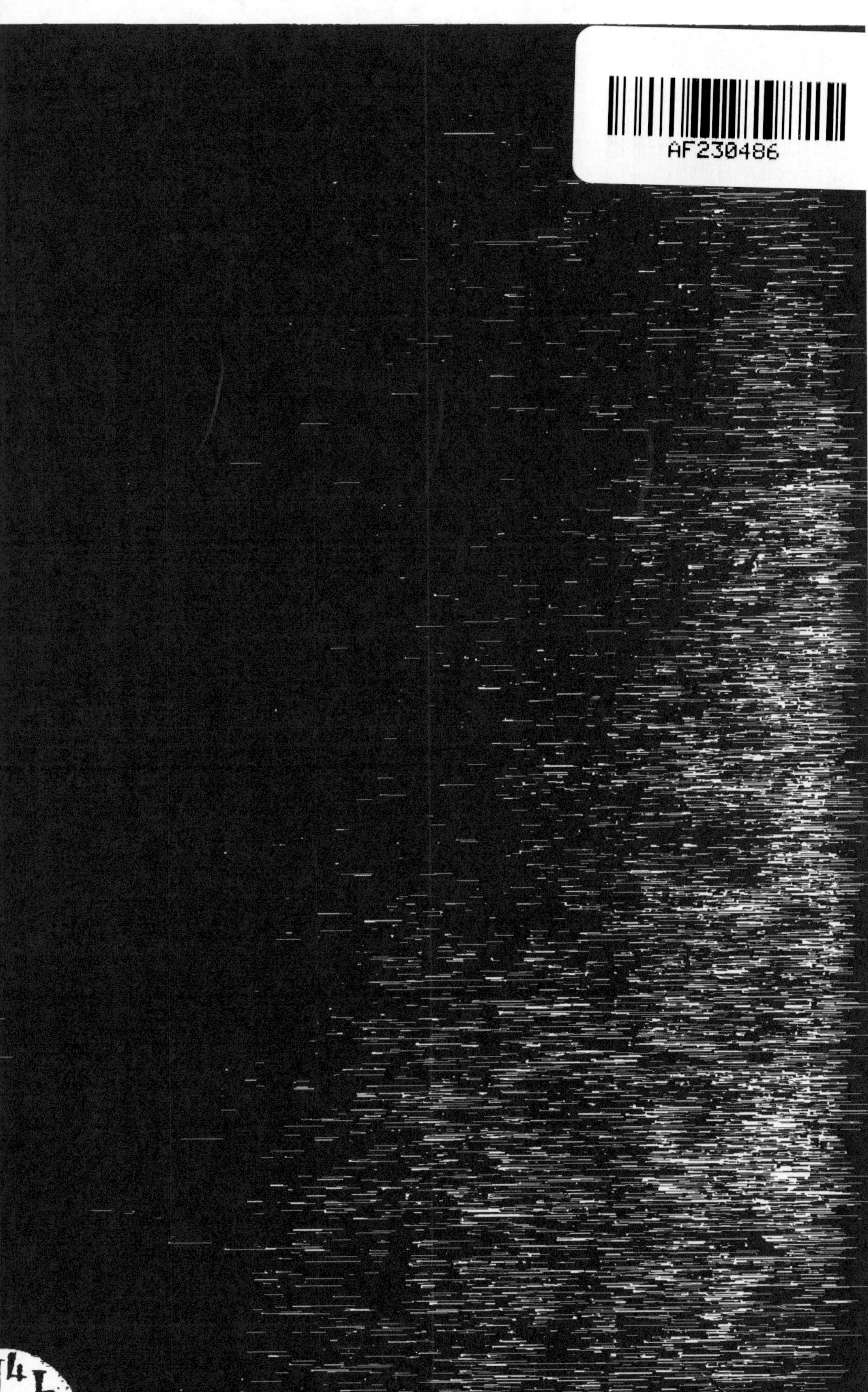

AF230486

RÉCIT

DES

OPÉRATIONS MILITAIRES

AUXQUELLES A PRIS PART LE RÉGIMENT

DES

MOBILES DE LA CHARENTE-INFÉRIEURE

AU 16e CORPS DE L'ARMÉE DE LA LOIRE

PAR

P.-A. FRADET, chef de bataillon,

ET

J.-E.-A. ROBERT, capitaine.

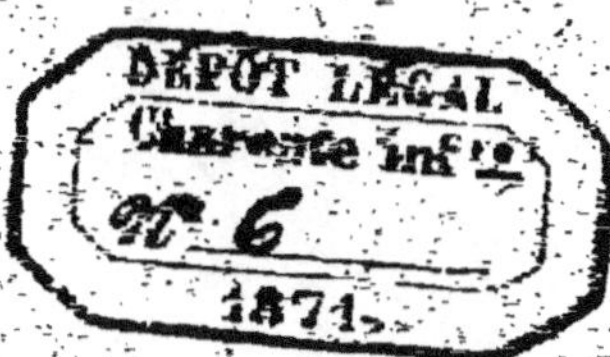

ROCHEFORT

IMPRIMERIE CH. THÈZE ET Ce, PLACE COLBERT.

1871.

A nos concitoyens de la Charente-Inférieure.

—

A nos compagnons d'armes du 8e régiment.

J.-E.-A ROBERT,   P.-A. FRADET,

Capitaine.   Chef de bataillon.

RÉCIT

DES

OPÉRATIONS MILITAIRES

AUXQUELLES A PRIS PART LE RÉGIMENT

DES

MOBILES DE LA CHARENTE-INFÉRIEURE

AU 16ᵉ CORPS DE L'ARMÉE DE LA LOIRE

PAR

P.-A. FRADET, chef de bataillon,

ET

J.-E.-A. ROBERT, capitaine.

ROCHEFORT

IMPRIMERIE CH. THÈZE & Cⁱᵉ, PLACE COLBERT

1871

PREMIÈRE PARTIE

—

Formation du régiment. — Son départ de la Charente-Inférieure et son arrivée
à Gien.

Un mois s'était à peine écoulé depuis la déclaration de guerre
contre la Prusse. La France, déjà accablée de revers, voyait son
territoire de nouveau souillé par l'invasion étrangère. Son armée,
jusque là invincible, n'avait pu arrêter, malgré ses efforts inouïs,
les hordes envahissantes que l'Allemagne vomissait chaque jour.

La patrie était en danger, la France avait besoin de tous ses
enfants ; ce fut alors seulement que l'on songea à tirer parti de
la garde nationale mobile, dont l'organisation avait été arrêtée
par la loi du 1er février 1868. La Charente-Inférieure, comme
tous les autres départements, fut appelée à concourir à sa formation. Après nos récents désastres, c'était à la garde nationale
mobile qu'incombait la lourde tâche de délivrer la patrie des
oppresseurs. Malheureusement, son organisation et son instruction furent très défectueuses, par cela seul qu'elles furent très
précipitées et bientôt il fut facile de voir quelle grande
faute politique, on avait commise en ne la constituant pas,
aussitôt la promulgation de la loi, d'après les projets du maré-
chal Niel. Quels services elle aurait pu rendre si elle se fut
trouvée prête à entrer en lice dès le début de la campagne ! Il
ne faut donc pas se montrer si sévère à l'égard de cette garde
nationale mobile qui, certes, malgré tout ce qu'on en ait pu dire,

a fait, en maintes circonstances, son devoir comme les autres soldats de la France. Qu'il nous soit permis de constater en passant que les enfants de la Charente-Inférieure se sont montrés dignes d'être Français et n'ont jamais failli à leur mandat dans quelques fâcheuses conditions qu'ils se soient trouvés.

Du reste, nous n'avons pas à revenir sur un passé qui sera, nous l'espérons, plein d'utiles enseignements ; nous n'avons à nous occuper, d'après le but que nous nous sommes proposé, que de la part qu'a prise la garde nationale mobile de la Charente-Inférieure dans cette malheureuse guerre de 1870-1871.

D'après la loi du 1er février 1868, la garde nationale mobile se compose :

1o Des jeunes gens des classes des années 1867 et suivantes qui n'ont pas été compris dans le contingent, en raison de leur numéro de tirage ;

2o De ceux des mêmes classes auxquels il a été fait application des cas d'exemptions prévus par les nos 3, 4, 5, 6 et 7 de l'article 13 de la loi du 21 mars 1832 ;

3o De ceux des mêmes classes qui se sont fait remplacer dans l'armée.

D'après les dispositions transitoires relatives au titre II, font également partie de la garde mobile, à partir de la promulgation de la dite loi, sauf les exceptions prévues par l'article 4, les hommes célibataires ou veufs sans enfants, des classes de 1866, 1865, 1864, qui ont été libérés par les conseils de révision.

Enfin, la loi du 16 août 1870 vint ajouter les exonérés des mêmes classes qui, aux termes mêmes de la loi de février 1868, ne faisaient pas partie de la garde mobile.

Ainsi recrutée dans toute la France, et comprenant toutes les forces vives de la nation, elle devait fournir une bien puissante armée.

La Charente-Inférieure dut équiper et mettre en campagne un régiment auquel le no 8 fut assigné. Ce régiment se composait de trois bataillons, ayant chacun huit compagnies, présentant un effectif total d'environ 5,000 hommes.

Le 1er bataillon, comprenant les jeunes gens des cantons de Jonzac, Mirambeau, Montendre, Montguyon, Montlieu, Archiac, Saint-Genis, Pons, Cozes, Gemozac, Royan et la Tremblade, fut formé, savoir : le demi-bataillon de droite, le 29 août 1870, à Jonzac, par M. le chef de bataillon Auberge ; et le demi-bataillon de gauche, le 30 août, à Pons, par M. le capitaine Fradet.

Le 2e bataillon, composé des jeunes gens des cantons de Rochefort (nord et sud), Surgères, Aigrefeuille, Tonnay-Charente, la Rochelle (est et ouest), Ars et Saint-Martin (île de Ré), Courçon, la Jarrie, Marans, Marennes, le Château et Saint-Pierre (île d'Oleron) et Saint-Agnant, fut formé à la Rochelle, le 25 août, par M. le lieutenant-colonel baron Vast-Vimeux et M. le commandant Ribière.

Et le 3e bataillon, qui comprenait les jeunes gens des cantons de Saintes (nord et sud), Burie, Saint-Porchaire, Saujon, Matha, Aulnay, Saint-Jean d'Angély, Loulay, Saint-Hilaire, Saint-Savinien et Tonnay-Boutonne, fut formé à Saintes, le 28 du même mois d'août, par M. le commandant de La Barre.

Les premiers jours furent consacrés à la formation des compagnies qui, tout d'abord, eurent un effectif moyen d'environ 300 hommes, et à la nomination des sous-officiers et caporaux, les officiers ayant été désignés par l'autorité militaire. MM. les chefs de bataillon procédèrent ensuite à l'habillement de leurs troupes, (blouse de coton, pantalon et képi), la vareuse de laine leur fut donnée quelques jours plus tard. Enfin, pour armement, les hommes reçurent d'abord le fusil canon lisse, puis celui modèle 1842, transformé.

Immédiatement après ces diverses distributions, commencèrent les exercices que rendaient très difficiles le manque d'instruction militaire de la plupart des officiers, sous-officiers et caporaux et le trop considérable effectif des compagnies. Malgré cela, le zèle et la bonne volonté de tous rendirent la tâche des chefs un peu moins pénible, sans pourtant leur donner les résultats qu'ils eussent certainement atteints ; s'ils n'eussent été pressés par les circonstances.

On s'attendait à chaque instant à partir ; aussi, en prévision de ce départ, qui semblait de plus en plus prochain, et que le désastre de Sedan devait précipiter encore, les commandants des bataillons reçurent l'ordre de réduire à 170 hommes, cadres compris, l'effectif des compagnies, le surplus devant être versé dans la 8e compagnie de chaque bataillon, pour former le dépôt.

C'est alors que, se préoccupant des récriminations nombreuses qui s'élevaient de toutes parts, relativement aux nominations d'officiers faites précédemment, M. Gambetta, ministre de l'intérieur, lança une circulaire prescrivant à MM. les chefs de corps de faire procéder sans retard, et avant le départ de leurs régiments des lieux de garnison, aux élections pour tous les grades d'officiers. En conformité de cette décision, le 22 septembre, veille du départ du régiment, les élections eurent lieu dans chaque bataillon, aux centres de leur formation, sauf pour le troisième bataillon, qui ne put y procéder que le 24, à son arrivée à Châteauroux.

(Voir le tableau ci-contre.)

8e RÉGIMENT DE GARDE NATIONALE MOBILE
(CHARENTE-INFÉRIEURE).

TABLEAU de la formation du Régiment, au 23 Septembre 1870.

ÉTAT-MAJOR

MM. Baron Charles-Antoine VAST-VIMEUX, lieutenant-colonel.
Jean FESSEAU, capitaine-major.
Jean-François MERLOT, capitaine trésorier.
Antoine-Alphonse MANTELIN, capitaine d'habillement.
Philippe-Aimé DAVID, aide-major.
Amédée HILLAIRET, aide-major.
Louis-Albert AUBERGE, chef de bataillon au 1er.
Antoine-François RIBIÈRE, chef de bataillon au 2e.
Henri DE LA BARRE, chef de bataillon au 3e.
CORTET, aumônier du régiment.
Marie-Auguste KUTT, aumônier du régiment.

Numéros des compagnies.	Désignation des Cantons.	Noms, Prénoms et Grades des Officiers de compagnie.		
		Capitaines.	Lieutenants.	Sous-Lieutenants
	1er BATAILLON.			
1	Archiac	J.-L. Gaborit	P. Bouchet	V. Douillet
2	Jonzac	E. Delbos	A. Seguinaud	A. Brault de Bournonville
3	Mirambeau	M.-C.-L. Du-Cheyron-du-Pavillon	M.-J. Du-Cheyron-du-Pavillon	P. Renaud
4	Montguyon	F.-J. Masse	F. Desages	P. Jeaudeau
5	La Tremblade	P.-C. Dumontet	M.-C. Bollon	M.-L.-H.-G. Biseuil
6	Cozes et Gemozac	F.-E. Gravelin	A. Gourreau	R. Jeud-de-Grissac
7	Pons	P.-A Fradet	A. De Laroy	L. De Lafargue
	2e BATAILLON.			
1	Tonnay-Charente	J.-L.-G. Ventre	P.-E. Gruel-Villeneuve	G.-E. Roullet
2	Courçon	M. Danton	B. Leroy	J. Boutin
3	La Jarrie	E.-F.-C. Paris	A.-E.-M. De Cherade-de-Montbron	C.-H.-M. Green de St-Marsault
4	La Rochelle	N. De Thomasson	Y. Delage de Luget	E.-L.-G. Landriau
5	Marennes	A. Baudard	J.-G. Robert	T. Bordesoulle
6	Rochefort	G. Roche	E.-N. Sinouneau	Ed Bachelier
7	Surgères	J. Salvain	J.-C. Belenfant	A. Ayraud
	3e BATAILLON.			
1	Burie	V.-A. Blay	E.-A. Clais	L. Boscal de Réals
2	Saintes	L.-D.-J. Delmas	L.-J.-B Rousset	A.-T. Morin
3	Saint-Porchaire	A. Gaudefroy	G. De Dampierre	C. Chaudreau
4	Loulay	J.-P.-E. Dussault	L. Roy de Loulay	L.-A. Vignolle
5	Matha	E. Ennenjean	T. Legardeur de Tilly	S. Martin-Dupont
6	Saint-Hilaire	A.-L. De Clauzade de Mazieux	M. Le Berthon	P. St-Blancard
7	St-Jean d'Angély	L Allenet	H.-C. Le Gendre	L. De Grimouard

Le 23 septembre, le 1er bataillon quitta Jonzac, où il avait été rassemblé et le 2e laissa la Rochelle se dirigeant, l'un et l'autre, sur Issoudun, où ils arrivèrent par les voies rapides le 24, et y séjournèrent jusqu'au 29 inclusivement. Le 3e bataillon, qui avait laissé Saintes le 22, était arrivé à Châteauroux le 23.

Pendant leur séjour à Issoudun et à Châteauroux, les trois bataillons furent cantonnés ; le 1er et le 2e reçurent quelques effets de campement (toile tente-abri et accessoires). Les exercices se continuaient toujours avec une très grande activité.

Le 30 septembre au soir, le 1er et le 2e bataillon, commandés par M. le lieutenant-colonel Vast-Vimeux, partirent pour Orléans, où ils arrivèrent le lendemain. Les troupes, qui dressaient pour la première fois leurs tentes, campèrent sur le Mail. Le 3e bataillon vint les rejoindre le 2 octobre, et le régiment, ainsi réuni, fut mis sur le pied de rassemblement.

Depuis quelques jours, on signalait l'approche de l'ennemi ; aussi, en vue d'un départ prochain, on s'occupa avec un grand empressement de procurer aux hommes les choses les plus indispensables. Enfin, le 4 octobre au matin, après avoir reçu des cartouches pour parer à toute éventualité, le 1er bataillon ainsi que le 2e levèrent le camp et quittèrent Orléans pour gagner Loury, petit village situé sur la lisière de la forêt. Les mobiles de la Charente-Inférieure formaient alors, avec un bataillon de turcos, un bataillon de chasseurs à pied, un bataillon de marche d'infanterie de ligne et quelques cavaliers, sous les ordres de M. le général Maurandy, la première brigade de la première division de l'armée de la Loire qui, à cette époque, n'existait encore que de nom ; à partir du 6, ces troupes furent mises sur le pied de guerre, et reçurent les vivres de campagne.

Quelques jours après notre départ d'Orléans, le colonel fut invité à envoyer à Tours une commission de trois officiers, pour recevoir les fusils modèle 1866, avec tous les accessoires, pièces de rechange et des munitions. Cette commission partit de suite pour Tours, et, après des démarches très actives, obtint enfin de l'autorité militaire, la quantité d'armes suffisante pour armer les trois bataillons.

Pendant ce temps, la brigade laissait Loury, se portant en avant sur Pithiviers, en passant par Neuville-aux-Bois, où elle s'arrêta le 7 au soir, à environ deux kilomètres du bourg. Les troupes allemandes occupaient alors les alentours de Pithiviers, qu'elles avaient évacué ; le général donna des ordres sévères pour que toutes les précautions fussent prises en cas d'attaque. Le 8, la brigade, éclairée par des reconnaissances de cavalerie et d'infanterie, se dirigea sur Pithiviers, où elle arriva dans l'après-midi : malgré leur peu d'habitude de la marche, les deux bataillons du 8e régiment firent, sans trop de fatigue, cette longue étape. Les ennemis paraissaient alors se concentrer dans les environs d'Artenay. Les troupes françaises réunies à Pithiviers, (il y avait une assez nombreuse cavalerie, commandée par M. le général Reyau), se dirigèrent, en conséquence, vers ce point, pour prendre part à la lutte qui semblait inévitable et imminente ; notre régiment prit position dans la forêt, entre Saint-Lié et Neuville. Ces prévisions se réalisèrent plus tôt qu'on ne le pensait, car, dans la matinée du 10, le canon commença à gronder dans la direction d'Artenay ; les Allemands, pourvus d'une nombreuse artillerie, avaient attaqué nos troupes, commandées par M. le général de la Motte-Rouge. La lutte dura, sans succès décisif de part et d'autre, jusque sur les trois heures de l'après midi ; à ce moment, de nouveaux renforts arrivèrent à l'ennemi, et il ne nous fut plus possible de continuer à combattre ; nous nous repliâmes sur Cercottes, et les Allemands vinrent occuper Chevilly, qu'ils ne dépassèrent pas. Les deux bataillons du 8e régiment, qui n'avaient pu prendre part à l'action à cause de la défectuosité de leurs armes et de la petite quantité de leurs munitions, avaient gardé leurs positions où ils bivouaquaient depuis quarante-huit heures, sous une pluie battante et ne recevant aucuns vivres, toutes communications étant devenues impossibles avec Orléans.

Les trois officiers envoyés à Tours, ayant accompli leur mission, étaient retournés à Orléans, le 8 au soir, avec les chassepots, se disposant à les transporter sur Chevilly où devait se trouver le régiment. Tout était prêt pour le départ, le 10 au matin, mais un ordre du général, arrivé dans la nuit du 9 au 10, prescrivit de laisser ces armes à Orléans, le transport n'en étant pas sûr par suite de la marche en avant de l'ennemi. Les évènements, ainsi qu'on l'a vu plus haut, justifièrent pleinement cette précaution. Le changement de notre armement se trouva donc indéfiniment ajourné.

Tout faisait croire que les Allemands, poursuivant leurs succès de la veille, attaqueraient Orléans le lendemain et que les troupes qui s'étaient repliées sur Cercottes défendraient la ville; mais, dans la nuit du 10 au 11, on leur fit passer la Loire : la défense d'Orléans avait, paraît-il, été jugée impossible. Une poignée d'hommes fut néanmoins chargée d'en retarder l'occupation et de protéger la retraite : ce furent la légion étrangère, un bataillon de chasseurs à pied et quelques soldats de ligne. Ces héroïques soldats, qui avaient été sacrifiés, soutinrent tout le jour une lutte acharnée, faisant des prodiges de valeur et défendant pied à pied le terrain. Bien peu échappèrent à la mort et furent faits prisonniers ; tous avaient rempli leur devoir, leur but était atteint, la ville ne fut occupée que dans la soirée.

Le 3e bataillon des mobiles de la Charente-Inférieure, qui était resté à Orléans pour le service de la place, obéissant aux ordres donnés, avait suivi le mouvement de retraite des autres troupes et s'était dirigé sur Bourges, en passant par Jargeau, Vouzon, etc. Arrivé dans cette première ville, le 15, il y séjourna jusqu'au 21, et fut ensuite cantonné à Saint-Florent.

Les Prussiens étaient à Orléans depuis le 11, et les 1er et 2e bataillons du 8e régiment occupaient toujours leurs positions de la forêt. Le lendemain, 12, sur les dix heures, ordre leur fut donné de les abandonner, pour marcher sur Bellegarde où ils arrivèrent dans la nuit, après quatorze heures de marche forcée. Tout le monde était exténué de fatigue. A leur arrivée, et malgré l'heure avancée de la nuit, les habitants leur firent un accueil des plus empressés. Il était une heure du matin. En un clin d'œil, toutes les portes furent ouvertes et des vivres mis à la disposition de tous. Après s'être reposés jusqu'au lendemain, ces deux bataillons partirent pour Montargis où ils prirent le soir même la voie ferrée jusqu'à Nevers. Ils séjournèrent dans cette ville jusqu'au 17, pour de là se diriger sur Gien. Peu de jours après l'arrivée à Gien des 1er et 2e bataillons, le 3e, qui était toujours resté à Saint-Florent, vint les y rejoindre. Le régiment ainsi réuni fut campé sur les bords de la Loire ; pendant son séjour dans cette ville, il reçut son complément d'ustensiles de campement, de grand et petit équipement, de linge et chaussures. Les effets d'habillement étaient dans le plus déplorable état, leur remplacement devenait de plus en plus urgent, le nombre des malades augmentait tous les jours : on distribua donc quelques vareuses et quelques pantalons aux plus nécessiteux.

L'élément principal faisait encore défaut, les chassepots n'arrivaient pas, malgré les démarches les plus actives. Enfin, quelques jours seulement avant son départ, le régiment fut pourvu du nouvel armement. Le temps pressait, il fallait habituer les hommes à se servir de leurs nouveaux fusils, la saison devenait de plus en plus rigoureuse et les pluies très fréquentes, ce qui empêchait souvent les exercices. Malgré tout, quand le temps le permettait, on s'y livrait avec ardeur ; on donnait, en outre, aux mobiles les notions les plus indispensables du service en campagne. Le régiment fournissait des grand'gardes et des reconnaissances sur sa route de

Gien à Sully, les éclaireurs ennemis ayant été signalés plusieurs fois à Lion-en-Salins et à Saint-Gondon.

L'armée de la Loire complétait alors son organisation, sous les ordres du général d'Aurelles de Paladines, pour tenter un grand coup ayant pour but la délivrance d'Orléans. D'un moment à l'autre, nous nous attendions à marcher en avant pour prendre part à la lutte ; mais nos espérances furent déçues, car le canon de Coulmiers vint nous surprendre encore à Gien.

DEUXIÈME PARTIE.

—

Départ de Gien pour Orléans. — Combats de Terminiers et des Barres. — Retraite
sur Baugency et Blois. — Affaire de Chambord.

Après avoir séjourné un mois dans cette ville, le 8ᵉ régiment des
mobiles de la Charente-Inférieure reçut, à la date du 19 novembre, l'ordre de se diriger sur Orléans, en passant par Sully et
Jargeau ; il arriva le 21 à Orléans et y séjourna jusqu'au 29
novembre inclusivement. Pendant ces quelques jours de repos,
des effets de diverse nature lui furent distribués.

Dans la nuit du 29 au 30 novembre, ordre fut donné de partir
immédiatement pour St-Péravy-la-Colombe, où se trouvaient déjà
réunis divers corps de l'armée de la Loire. Le régiment, fort de
3,047 hommes, ayant ses cadres au complet, laissa Orléans dans
la matinée et, après une halte de trois heures au village des
Barres, situé à 12 kilomètres d'Orléans, pendant laquelle on
procéda à une distribution de cartouches et de viande, il alla, le
soir même, camper à Boulay. Le 1ᵉʳ décembre, le 8ᵉ mobiles
formé en colonnes par divisions, à demi-distance, se mit en
marche à travers les plaines de la Beauce, pour aller rejoindre
les mobiles de la Haute-Vienne et un régiment de marche d'infanterie de ligne qui composaient avec lui la brigade commandée
par le général Maurandy. Nous formions, avec une autre brigade,
la 3ᵉ division du 16ᵉ corps d'armée, sous les ordres du général
Chanzy. Ces deux régiments, ayant laissé Boulay quelques heures

avant nous, étaient déja établis près du village de Sougy (sur les confins des départements du Loiret et de Loir-et-Cher), où nous campâmes également. Le canon grondait alors sourdement du côté de Patay ; bientôt, le bruit se rapprocha sensiblement et la brigade tout entière eut la satisfaction de voir les Prussiens refoulés en arrière de Terminiers par les troupes françaises se trouvant à Patay ou dans les environs. Le soir, aucun feu ne fut allumé au camp, pour que les ennemis ne fussent pas avertis de notre présence.

Le 2 décembre, nous quittâmes notre campement de Sougy sur les quatre heures du matin, nous dirigeant, dans le même ordre que la veille, sur le village de Terminiers, où nous arrivâmes sur les huit heures, après une marche que rendaient très pénible et la température (il faisait un froid très vif ce jour-là), et les nombreux accidents de terrain. A Terminiers, une heure nous fut accordée pour nous reposer et faire le café.

A neuf heures, la division réunie sous le commandement de M. le général de brigade Maurandy se mit de nouveau en marche en bataille et en colonnes par divisions à demi-distance, protégée par des lignes de tirailleurs qui la précédaient de 500 mètres. Il était environ dix heures et demie du matin lorsque nous entrâmes en ligne, et déjà l'action était engagée entre l'artillerie française et l'artillerie prussienne. Bientôt une fusillade très vive se fit entendre sur la droite de la division, le régiment reçut alors l'ordre de prendre position derrière les batteries d'artillerie pour les protéger en cas de besoin. Pendant tout le temps que dura le combat, le régiment, ne pouvant faire usage de ses armes à cause de la trop grande distance qui le séparait de l'ennemi, resta exposé aux projectiles de son artillerie. Officiers et soldats, qui recevaient ce jour-là le baptême du feu, encouragés par l'attitude énergique du colonel Vast-Vimeux et par les chaleureuses exhortations de MM. les abbés Cortet et Kutt, aumôniers du régiment, qui parcouraient les rangs au plus fort de l'action, restèrent fermes et inébranlables à leur place de bataille. A cette première affaire, qui fut de bien courte durée, le régiment eut 3 officiers blessés grièvement, 77 hommes tués et environ 200 blessés. Sur les deux heures, la lutte devint impossible, et notre artillerie manquant de munitions dut cesser son feu et se retirer. Le régiment resta donc seul exposé au feu des batteries ennemies, et fut, pendant dix ou quinze minutes, littéralement criblé par la mitraille. Sous cette pluie de feu, et grâce à l'énergie des officiers supérieurs et de compagnies, l'ordre le meilleur fut maintenu ; aussi le régiment fut-il cité comme ayant bravement rempli son devoir, et le rapport officiel de cette journée constate qu'il laissa le dernier le champ de bataille. D'un autre côté, pendant que nous effectuions notre retraite, le 15e corps, qui se portait sur Mameraut et Domainville, soutenait avantageusement la lutte.

Formé dans l'ordre cité précédemment, le régiment se replia sur le village de Huêtre, où la division entière campa pendant la nuit du 2 au 3 décembre. Le 3 au matin, elle quitta son campement, marchant dans la direction d'Orléans, et s'arrêta le soir à Boulay, ayant conservé pendant toute la journée son ordre de bataille. Le 4, le général commandant la division fit lever le camp, après avoir fait préalablement faire aux troupes, qui n'avaient reçu que trois jours de vivres depuis leur départ d'Orléans, une distribution de viande pour un jour. Depuis l'aube, les armées françaises et prussiennes étaient en présence, et la lutte, à en juger par les détonations incessantes et terribles de l'artillerie et de l'infanterie, était sérieusement engagée. A dix heures, les troupes placées en première ligne, écrasées par le nombre, furent obligées de se replier, et la 3e division, à laquelle appartenait le 8e mobiles, battit également en retraite jusque derrière le village des Barres, dont il a été parlé plus haut. En cet endroit, notre division, formant réserve, prit

position, et c'est alors que le général Barry, commandant
la 2ᵉ division, qui luttait depuis le matin contre des forces
supérieures, fit demander un solide régiment pour soutenir sa
retraite, et empêcher à son artillerie de tomber aux mains
de l'ennemi. Le général Maurandy, s'adressant au colonel
Vast-Vimeux, lui dit : « On me demande un bon régiment,
portez-vous en avant, je compte sur vous. » L'ordre fut exécuté
sur le champ, et il était temps, car l'artillerie du général Barry
était sérieusement menacée par la cavalerie prussienne, qu'on
voyait apparaître de tous côtés (1).

Les colonnes ennemies qui se dirigeaient sur la gauche, vers
Orléans, voyant l'attitude du 8ᵉ régiment, adossé au bois de
Bucy-Saint-Liphard, attendant l'arme au pied le moment d'agir,
firent un changement de direction, craignant d'avoir affaire à des
forces considérables. Voyant sa division hors de danger, par suite
du mouvement opéré, le général Barry vint remercier en
personne le colonel Vast-Vimeux, à l'occasion de l'éminent
service qui venait de lui être rendu, et l'invita à garnir de
tirailleurs la lisière des bois afin de continuer à protéger la
retraite de quelques pièces d'artillerie, qui occupaient, dans le
combat, les premières lignes et qui, pour cette raison, n'avaient
pu rallier. Nos tirailleurs, parfaitement embusqués, arrêtèrent
par un feu nourri, à plusieurs reprises, et à une distance
d'environ 400 mètres, les escadrons de uhlans et de hussards
de la Mort, poursuivant les dernières pièces d'artillerie et
l'état-major de la division. Il était alors trois heures et demie de
l'après-midi, le régiment reçut l'ordre de continuer son
mouvement en arrière, escortant les convois de vivres et de
munitions de la division, et, le même soir, vint camper à

(1) Voir, ouvrage de M. le général Chanzy, appendice, page 487, le rapport de
M. le général Maurandy, daté de Beaugency, le 5 décembre 1870.

Baugency, ainsi que les autres troupes du corps d'armée, dont une partie s'arrêta à Meung. Quelques centaines d'hommes s'étant égarés dans les bois, prirent la direction d'Orléans et allèrent prendre part à la lutte qui fut soutenue le soir dans les tranchées creusées devant cette ville.

Le 5 au matin, ayant été réunis en arrière de Baugency, nous reçûmes une distribution de vivres ; dans le courant du jour, quelques mobiles, dont les nombreuses fatigues avaient paralysé les forces, et qui avaient été contraints de s'arrêter en chemin, nous rallièrent et vinrent nous annoncer qu'Orléans était de nouveau au pouvoir des Prussiens. Dans la matinée du 6, le général fut averti que des colonnes ennemies se dirigeaient sur Meung, et quelques heures après, le bruit du canon vint confirmer l'exactitude de cette nouvelle. Le général Chanzy qui, après la malheureuse retraite d'Orléans, avait été nommé au commandement en chef de la deuxième armée de la Loire, était déjà aux prises avec l'ennemi. C'était là le prélude de la lutte acharnée et sanglante qui fut soutenue pendant plus de huit jours, et à la suite de laquelle ce brave et habile général effectua sa mémorable retraite sur Vendôme, retraite qui déconcerta le prince Frédéric-Charles lui-même. Ce jour là, toute la division resta sous les armes, attendant à chaque instant des ordres ; enfin, dans la soirée, les troupes bivouaquèrent sur les positions qu'elles avaient occupées.

Le lendemain, 7, la division quitta Baugency, passant par Mer, et se dirigeant sur Blois, où elle arriva à la nuit, et fut camper sur la rive droite de la Loire, dans les sables avoisinant le fleuve ; une distribution de trois jours de vivres fut faite immédiatement à la troupe.

Le 8 décembre, sur les dix heures, la 2e brigade, composée des mobiles de la Charente-Inférieure, des mobiles de la Haute-Vienne et du 36e de marche, partit pour occuper le parc de Chambord, considéré, à juste titre, comme une belle

position défensive. Voici quels furent les postes assignés au
8e mobiles à son arrivée : le 1er bataillon se porta vers
Bracieux, afin d'appuyer les francs-tireurs de Cathelineau ;
le 2e bataillon se dirigea vers la porte de Montfrault, et
le 3e s'arrêta à un rond-point situé dans l'intérieur du parc,
à six kilomètres du château. Toutes les précautions usitées
avaient été prises. On s'attendait, à chaque instant, à une
attaque ; mais, dans la matinée du 9 décembre, le régiment
reçut l'ordre de se replier immédiatement sur Blois, laissant
dans la forêt les francs-tireurs de Paris, qui avaient pour
mission de la défendre. Cet ordre fut de suite exécuté. Déjà
nous étions sortis du parc, lorsque le général Maurandy, qui
arrivait de Blois avec la 1re brigade de sa division, nous
prescrivit de rebrousser chemin et d'aller réoccuper les positions
que nous tenions le matin.

Le 36e de marche et le régiment des mobiles de la Haute-Vienne,
qui nous accompagnaient, opérèrent le même mouvement.
C'est alors que nous commençâmes à entendre des feux de
mousqueterie mêlés d'assez nombreux coups de canon. Les
francs-tireurs de Paris et un bataillon du 36e de marche
avaient déjà engagé l'action. Nous n'en continuâmes pas moins
notre marche, et nous arrivâmes bientôt devant le château.
Chacun des trois bataillons se porta immédiatement sur différents
points du parc, et lorsque le 3e bataillon, dont la distance à
parcourir était moindre, arriva au lieu désigné, il fut assailli
par une grêle de balles. Les Prussiens tiraient sur lui par
les créneaux qui avaient été pratiqués dans le mur d'enceinte,
et un grand nombre d'entre eux était déjà entré
dans le parc même, la fusillade et la canonnade continuaient
toujours. Le 3e bataillon se retira alors en bon
ordre, avec deux compagnies du 40e, qui se trouvaient
avec lui, et vint se joindre au premier, qui était formé en
bataille devant la cour du château ; seuls, le 2e bataillon et une

autre compagnie du 40e, se trouvant plus éloignés, reçurent plus tard l'ordre de se replier. Lorsqu'ils arrivèrent devant le château, ils trouvèrent établie dans la cour une des batteries d'artillerie, que le général avait amenée avec la brigade, en venant de Blois. Le 1er bataillon et le 3e se dirigeaient alors sur la porte de Bracieux, exécutant ainsi le mouvement qui avait été ordonné. Il faisait nuit complète, et c'est ce qui explique la surprise dont furent victimes le 2e bataillon, le régiment de la Haute-Vienne et la compagnie du 40e placés, à ce moment, devant le château; les Prussiens, à la faveur de la nuit, s'avancèrent sous bois jusqu'à une distance d'environ soixante mètres, et faisant, à l'improviste, des feux de pelotons sur nous, à cette faible distance, jetèrent un grand désordre dans les rangs. Il était impossible d'exécuter le moindre mouvement, par suite de l'exiguïté du terrain: une seule compagnie put répondre au feu de l'ennemi, ce fut la 3e compagnie du 2e bataillon. Il y eut quelques instants de panique; les Prussiens en profitèrent pour s'emparer de la batterie d'artillerie, parquée dans la cour du château, moins une pièce qui put être sauvée, et fut escortée par le 1er bataillon jusqu'à Amboise, où le régiment tout entier se trouva réuni le lendemain, 10 décembre.

On a donné, dans le temps, à cette affaire beaucoup plus d'importance qu'elle n'en a eue réellement. Au point de vue des pertes essuyées, nous n'avons eu que quelques hommes blessés et faits prisonniers, parmi lesquels trois officiers; les Prussiens, quoique tirant sur nous de très près, nous firent peu de mal. Un certain nombre d'hommes affolés se jetèrent, il est vrai, dans les bois, et, prenant sans discernement les différentes routes qui s'offrirent à eux sans s'inquiéter de la direction prise par leur régiment, allèrent jusqu'à Tours; d'autres vinrent même jusqu'à Poitiers: ils y rencontrèrent deux compagnies du 3e bataillon, qui avaient été dirigées sur cette ville, en passant par Vierzon et Issoudun. Du reste, peu de jours après, ces hommes et les officiers qui les commandaient rejoignirent le régiment à Jupilles, à l'exception cependant de quelques-uns qui, étant tombés malades par suite de l'excès de fatigue, durent entrer dans les ambulances.

TROISIÈME PARTIE.

———

La journée du 11 décembre, passée à Amboise, fut consacrée aux différentes distributions, et, le 12 au matin, la brigade laissa cette ville pour se diriger sur Montoire, en passant par Château-Renaud ; aussitôt le départ des différentes troupes, le magnifique pont, de construction toute récente, qui se trouve sur le fleuve, fut livré au génie qui le fit sauter.

À Château-Renaud, on distribua des chaussures aux hommes les plus nécessiteux. Le régiment était alors dans le dénûment le plus complet, les demandes d'effets de toute nature ne pouvant parvenir à leur destination par suite des mouvements en arrière que l'armée exécutait continuellement. Pendant leur séjour dans cette localité, les troupes furent logées chez l'habitant. La brigade partit de Château-Renaud le 14, marchant sur Montoire, où elle arriva à la nuit. Les cantonnements avaient été préparés par les soins de l'état-major, et les hommes trouvèrent, à leur arrivée, un accueil très sympathique et très empressé de la part de la population. Dans la journée du 15, les troupes reçurent pour trois jours de vivres de toute nature.

Le 16, la brigade partit de Montoire pour aller prendre position sur les hauteurs avoisinant la ville, l'ennemi ayant été signalé comme s'approchant du côté de Saint-Calais et de Vendôme ; les pluies rendaient les routes impraticables et les hommes eurent beaucoup à souffrir dans ces marches. Le 17, nous abandonnâmes ces positions pour nous porter en arrière du Loir, en passant par Troo, jusqu'à Pont-de-Braye, où nous campâmes avec toute la division.

Le 18 décembre, avant le jour, le camp de Pont-de-Braye fut levé et la division prit la route de la Chartre, par Ponce et Ruillé, et, quittant sur sa gauche la Chartre, se dirigea sur Jupilles, en traversant les villages de Lhomme et de Chahaignes. Le même soir, après une bien longue étape, les troupes établirent leur camp dans la forêt de Bersay, à deux kilomètres de Jupilles.

Il y eut alors un certain temps d'arrêt dans la marche en avant de l'ennemi qui occupait depuis peu de jours Vendôme, Château-Renaud et Tours. On pensait pouvoir consacrer ces quelques instants de répit à faire reposer les troupes, mais il n'en fut point ainsi, car, nous trouvant si près de l'ennemi, il était nécessaire de faire chaque jour des reconnaissances sur notre droite, du côté de Château du Loir, et sur notre gauche, du côté de Saint-Calais. En avant, nous étions protégés par la 2e division du 16e corps, commandée par le général Barry, dont une partie était cantonnée et l'autre campée dans les environs de Chahaignes. Nous séjournâmes dans cette forêt pendant douze jours, avec une température de 18 à 20 degrés de froid : nos mobiles n'ayant pour tout vêtement que la vareuse de laine et la blouse de coton qu'ils avaient reçues lors de la formation du régiment, et qui étaient complétement usées, eurent beaucoup à souffrir des intempéries de la saison ; aussi le nombre des malades s'accrut-il de plus en plus, et notre effectif se trouva réduit, en peu de temps, de plusieurs centaines d'hommes. Le froid était tellement intense que les troupes ne pouvaient prendre la nuit aucun repos ; elles étaient obligées d'entretenir des feux continuels. Fort heureusement, nous campions dans une forêt. Par contre, les vivres de campagne, à l'exception du pain qu'on ne recevait que très rarement, étaient donnés avec assez de régularité.

Le 23 décembre, le général Maurandy, qu'une décision ministérielle venait de relever de ses fonctions, remit le commandement de la 3e division au lieutenant-colonel Jobey, commandant le 40e de marche, et avant de partir, adressa aux troupes sous ses ordres l'ordre du jour suivant :

Relevé de mes fonctions par décision ministérielle du 14 décembre 1870, je remets, à partir d'aujourd'hui, le commandement de la 3e division du 16e corps à M. le lieutenant - colonel Jobey, du 40e régiment de marche.

Je ne veux pas quitter mon commandement sans remercier les chefs de corps et de service et les officiers de tous grades du concours empressé qu'ils m'ont donné dans les circonstances difficiles où nous nous sommes trouvés ensemble.

Je conserverai toujours précieusement le souvenir des témoignages de regret et d'affection qu'ils m'ont donnés en me faisant leurs adieux.

Jupilles, le 23 décembre 1870.

Le général commandant la 3e division du 16e corps,

Signé : MAURANDY.

Dans la journée du 25, environ 350 hommes furent envoyés à Jupilles pour y être cantonnés dans l'église et dans quelques maisons qui avaient été mises à la disposition du colonel. Le lendemain, 26, le 1er bataillon partit pour le château de la Piletière, où il séjourna deux jours.

Ce fut à cette époque que la 3e division, dont faisait partie le régiment de la Charente-Inférieure, fut fondue avec les deux autres du 16e corps. Notre régiment et le 40e de marche furent incorporés dans la 2e brigade de la 2e division, qui était sous le commandement du général Barry. Le 28, nous laissâmes la forêt de Bersay pour aller nous cantonner ; le 1er bataillon, à la Maladrerie, petit village à 1,500 mètres de la Chartre, où il remplaça les mobiles de la Mayenne ; le 2e bataillon et le 3e, à Lhomme et dans les environs.

Pendant son séjour à Lhomme, le régiment reçut un envoi de capotes, pantalons, vareuses et chaussures, mais ces dernières fournitures ne purent être distribuées par suite de leur trop petite pointure. L'arrivée de ces différents objets fut saluée avec joie par les hommes ; leurs vêtements ne les abritaient plus. Notre effectif se réduisait chaque jour. Nos docteurs, dont le zèle ne s'est jamais démenti un seul instant pendant tout le cours de cette campagne, ne pouvaient suffire à soigner les nombreux malades atteints de variole et d'angines. A partir du jour où les hommes furent plus chaudement vêtus, les maladies entrèrent dans une période sensiblement décroissante.

A la même époque, les hommes qui avaient été laissés à la Rochelle, lors de la formation des bataillons actifs, vinrent nous rejoindre, ainsi que bon nombre de convalescents. Presque tous étaient armés de fusils canon lisse, transformé, la plupart hors d'état de servir. Quelques-uns même n'avaient aucune arme.

Le 30 décembre au matin, le bruit se répandit dans le régiment que le colonel venait d'être mis en disponibilité. Tout d'abord, on ne voulut pas y croire, mais peu de temps après, lui-même vint confirmer cette nouvelle. Ne sachant quelles pouvaient être les raisons qui avaient pu motiver une semblable mesure, le régiment entier ne put s'empêcher de protester hautement et de déclarer qu'elle était inopportune. En effet, si l'on avait, dans le principe, des griefs d'ordre politique à alléguer contre le colonel, pourquoi attendre qu'il ait acquis des droits incontestables à conserver son commandement par sa conduite devant l'ennemi ? Aussi, nous devons le reconnaître, cette mesure fut accueillie avec une défaveur marquée et officiers et soldats regrettèrent vivement le départ de leur colonel.

A l'appui de ce qui précède, nous croyons devoir publier textuellement les témoignages d'estime et de regrets qui furent exprimés au colonel Vast-Vimeux, lors de son départ, par M. le général Barry et M. l'amiral Jauréguiberry, commandant le 16e corps :

Le général Barry, commandant la division, au colonel Vast-Vimeux.

Chahaignes, 29 décembre 1870.

Je ne puis mieux faire, mon cher colonel, pour vous exprimer ce que je pense de l'inqualifiable mesure qui vous frappe, que de vous envoyer copie de la lettre que j'adresse à ce sujet au général commandant le 16e corps. Si l'estime de vos chefs et de vos troupes peut être une consolation pour vous, vous devez être tout consolé.

Quant à moi, je vous serre la main de tout cœur et vous renouvelle l'assurance de mes affectueux sentiments.

Le général BARRY.

« Monsieur l'amiral,

« J'ai fait notifier à M. le colonel baron Vast-Vimeux, du 8e mobiles, la décision ministérielle, qui lui enlève son commandement et le met en non-activité, hors cadre, sans solde, jusqu'à son replacement. Je vous transmets ci-joint la protestation que m'a adressée le colonel Vast-Vimeux, au sujet de cette mesure. Je ne puis, en ma qualité de chef direct du colonel, que joindre ma protestation la plus énergique à celle de ce brave et digne chef de corps dont la conduite, depuis le commencement de la campagne, a été de tout point irréprochable, dont le régiment, le seul peut-être resté compacte et en ordre au moment de la retraite du 4 décembre, m'a sauvé des mains des uhlans dans les lignes de Boulay ; qui possède au plus haut degré la confiance de ses mobiles, et qui se voit enlever son commandement pour ainsi dire sous le feu de l'ennemi, sans même qu'on prenne la peine de lui faire connaître les motifs d'une mesure qui le frappe inopinément, en dehors de toute règle et de toute initiative de ses chefs.

« Je ne crains pas, Monsieur l'amiral, dans une telle circonstance, ou plutôt en présence d'une telle énormité, de faire appel à votre esprit de justice et à votre énergique sollicitude pour vos subordonnés, pour détourner, s'il est possible, du colonel Vast-Vimeux un aussi sanglant outrage, et j'autorise, en attendant, ce chef de corps à se présenter à vous et au général en chef pour protester personnellement, etc.

« *Le général de division, commandant le corps d'observation de la Chartre.*

« Signé : BARRY. »

Pontlieu (Le Mans), le 30 décembre 1870.

Mon général,

J'ai l'honneur de vous transmettre une dépêche de M. le général Barry au sujet de la mise en non-activité de M. le lieutenant-colonel baron Vast-Vimeux, du 8e mobiles. Je joins à cette lettre la protestation formulée par M. Vast-Vimeux lui-même contre la mesure qui le frappe.

J'ignore pourquoi un officier supérieur est ainsi atteint dans son honneur au moment où il combat énergiquement pour la délivrance de notre patrie ; mais quand je lis le témoignage que le général Barry rend à la bravoure, au dévouement du commandant du 8e régiment de mobiles, je ne puis m'empêcher de m'élever avec indignation contre un acte qui prive mon corps d'armée d'un de ses plus vaillants officiers, sans que ce dernier ait été appelé à combattre les calomnies dont il a été probablement l'objet.

Ce n'est pas au moment où la France a besoin du désintéressement et du courage de tous ses enfants que les hommes de cœur, de loyauté qui, en si grand nombre, abandonnent tout pour sa défense, doivent se voir attaqués sans connaître d'où partent les coups qui les frappent. Je demande donc que M. le lieutenant - colonel baron Vast-Vimeux, soit maintenu à la tête de son corps et surtout mis en mesure de réfuter les accusations dont il a sans doute été l'objet.

Signé : vice-amiral JAURÉGUIBERRY

Un ordre de la division parvint le 31 décembre à M. Dumontet, à qui le colonel avait remis en partant le commandement du régiment, comme plus ancien chef de bataillon, lui prescrivant de fournir un détachement de 700 hommes, avec leurs officiers. Ces prescriptions furent immédiatement accomplies et le capitaine Paris, de la 3e compagnie du 2e bataillon, fut désigné pour le commander. Ce détachement, renforcé par le 40e de marche et par une batterie d'artillerie, forma la colonne mobile qui, partie le 1er janvier 1871, sous les ordres du lieutenant-colonel Jobey, fut chargée de faire des reconnaissances offensives et défensives contre les colonnes ennemies opérant dans les environs de Château-Renaud, Montoire, Vendôme et Saint-Calais.

Cette colonne marcha plusieurs jours de suite, manquant le plus souvent de vivres, sans pouvoir rencontrer les Prussiens : ce ne fut qu'à la date des 6 et 7 janvier, que plusieurs engagements successifs eurent lieu entre le détachement du 8e régiment et l'ennemi, notamment à Villeporcher où les 700 mobiles de la Charente-Inférieure forcèrent à reculer les Prussiens, qui leur étaient supérieurs en nombre. Dans cette journée, M. Paris tomba mortellement atteint, au moment où, lançant ses hommes à la baïonnette sur l'ennemi, il leur disait : « Que celui de vous qui me verra fuir me tue sans pitié ! » Ce fut une perte bien cruelle pour le régiment : brave officier, excellent camarade, plein de bonté pour ses soldats, Paris avait su conquérir l'estime et l'affection de tous. Nous devons à sa mémoire ce dernier témoignage de vive sympathie et de sincères regrets.

Pendant ce temps, la fraction du régiment qui était restée à Lhomme recevait l'ordre de se porter en avant pour occuper Pont-de-Braye et Ruillé ; quant au 1er bataillon, il resta cantonné à la Maladrerie, fournissant les grand'gardes sur les hauteurs, à droite et à gauche de la Chartre. On avait pris les plus grandes précautions dans le but d'éviter une surprise, car on pouvait à chaque instant être attaqué.

Dans la nuit du 7 au 8 , les nombreuses reconnaissances de cavalerie vinrent informer les commandants des divers détachements et des grand'gardes des mouvements en avant qu'opérait l'ennemi. Aussitôt on se prépara à la résistance, ainsi que l'ordre en avait été donné. A Pont-de-Braye, se trouvaient trois compagnies formant un nombre total d'environ 250 hommes ; à Ruillé, il y avait cinq compagnies dont un quart de l'effectif était armé des anciens fusils.

Sur les dix heures du matin, le lieutenant-colonel Noirtin, du 3e hussards de marche, qui se trouvait en avant de Pont-de-Braye, fit avertir le commandant des forces réunies à Ruillé qu'une colonne ennemie, forte d'environ 800 hommes d'infanterie avec 6 pièces de canon, s'avançait ; lui-même, peu de temps après, arriva avec son régiment pour prendre la direction du mouvement et l'on se prépara immédiatement à la lutte. Les hauteurs dominant la route de Pont-de-Braye à Ruillé furent garnies de tirailleurs. Les trois compagnies qui s'étaient repliées de cette première localité, après avoir échangé quelques coups de fusils avec l'avant-garde prussienne, furent envoyées en avant pour renforcer la grand'garde établie près d'un petit château, situé à trois kilomètres du village. Deux mitrailleuses, les seules pièces d'artillerie que nous eussions, et qui étaient arrivées la veille avec le détachement, se mirent en batterie sur la route qu'elles étaient chargées de couvrir. A peine ces dispositions eurent-elles été prises que les Prussiens furent signalés ; bientôt une vive fusillade se fit entendre, l'action était engagée.

Mais au lieu des 800 hommes qui avaient été annoncés et qui ne formaient qu'une petite avant-garde, nous avions à faire à un corps d'armée fort d'environ 30,000 hommes, pourvu d'une puissante artillerie et d'une nombreuse cavalerie. Malgré cette grande disproportion de forces qui rendait tout succès impossible, les mobiles de la Charente-Inférieure exécutèrent l'ordre qui leur avait été donné de tenir jusqu'à la dernière extrémité. Le combat commença à une heure contre les premières colonnes, l'action fut très vive et les mitrailleuses firent éprouver à l'ennemi des pertes sérieuses : il y eut même chez les Prussiens un certain moment d'hésitation, mais il fut de courte durée. De puissants renforts leur étant arrivés, nous dûmes battre en retraite pour ne pas tomber en leur pouvoir, car ils cherchaient à nous tourner. Deux compagnies du 1er bataillon, envoyées de la Maladrerie à Ruillé pour protéger notre retraite, arrivèrent jusqu'au village où elles se déployèrent en tirailleurs et opposèrent aux troupes allemandes la plus vive résistance ; pourtant accablées par le nombre, comme les premières engagées, ces deux compagnies furent également obligées de se replier. Les fortes colonnes ennemies, continuant leur marche en avant, traversèrent le village, et après avoir dépassé les dernières maisons se trouvèrent complétement à découverte. Au même moment, le capitaine de la section de mitrailleuses fit feu de ses deux pièces. Les projectiles enfilant la route à une distance de 1800 mètres vinrent porter le désordre dans les rangs de l'infanterie allemande et y produisirent des ravages considérables. Ce fait nous a été rapporté par M. le docteur David et M. l'abbé Kutt, qui étaient restés à Ruillé pour soigner nos premiers blessés. L'ennemi répondit au feu de nos mitrailleuses par une grêle d'obus ; en présence de cette inégalité manifeste, il n'y avait plus rien à faire, toute résistance devenait une folie : nos deux pièces reprirent la route de la Chartre , escortées par les trois compagnies du 1er bataillon qui étaient restées en réserve.

Dans cette journée, nous eûmes à déplorer la perte du capitaine Blay, frappé d'une balle à la poitrine. Cet officier, dont la santé était fortement ébranlée par les fatigues qu'il avait eues à supporter, n'avait pas hésité à laisser sa famille au milieu de laquelle il se trouvait depuis quelques jours et dont les soins lui étaient cependant bien nécessaires, pour venir reprendre son poste. Quoique très souffrant et pouvant à peine marcher, il était à la tête de sa compagnie lorsque la mort vint le frapper. Une telle conduite ne pouvait rester ignorée et nous croyons remplir ici un devoir en payant à sa mémoire ce juste tribut d'éloges. Le régiment eut en outre 20 hommes tués, environ 60 ou 80 blessés et un certain nombre de prisonniers, parmi lesquels quatre officiers qui, par suite de la position avancée qu'ils occupaient et de la résistance qu'ils opposèrent, se trouvèrent enveloppés par l'ennemi qui arrivait de tous côtés.

Exécutant leur mouvement de retraite, les troupes qui avaient pris part au combat de Ruillé se dirigèrent sur Chahaignes, ayant à leur tête M. le commandant Dumontet. A leur arrivée, elles reçurent du général Barry l'ordre de se replier sur Jupilles, pour y être cantonnées pendant la nuit, si cela était possible. Pendant ce temps, un certain nombre d'hommes qui, serrés de près par l'ennemi, n'avaient pu rejoindre le gros du régiment et s'étaient jetés dans les bois situés sur les hauteurs, faisaient le coup de feu contre les uhlans et les hussards qui parcouraient la campagne et sillonnaient la route jusqu'à Lhomme.

Dans la nuit du 8 au 9 janvier, le général Barry envoya l'ordre au 1er bataillon des mobiles de la Charente-Inférieure, commandé par M. Fradet, de se porter immédiatement sur Chahaignes pour renforcer les troupes qui s'y trouvaient déjà, en prévision de la lutte qui ne pouvait manquer de s'engager le lendemain. A la pointe du jour, ce bataillon arriva au lieu désigné ; aussitôt, son chef se rendit auprès du général pour lui demander quelles positions il devait occuper avec ses troupes. Trois compagnies furent alors détachées pour protéger les quatre pièces de canon et les deux mitrailleuses, formant nos seules forces en artillerie, et les trois autres furent déployées en tirailleurs, en avant du château et du cimetière. Dès le commencement du combat, deux bataillons du 31e régiment de marche, en tirailleurs sur la gauche du village, firent éprouver aux Prussiens des pertes considérables, mais ce ne fut pas sans avoir eu eux-mêmes beaucoup à souffrir ; dans la chaleur de l'action, ces troupes approchèrent de très près l'ennemi. Nous devions infailliblement succomber ; la nombreuse artillerie prussienne, couvrant de projectiles nos positions, grâce à la longue portée de ses pièces, les rendaient intenables : nous dûmes donc les abandonner.

Nos forces, qu'on pouvait évaluer à 3,000 hommes, se composaient du 31e de marche, d'un détachement du 38e, d'un demi-bataillon de chasseurs à pied, du 1er bataillon du 8e mobiles et de deux compagnies de la Mayenne. L'infanterie allemande comptait au moins 8,000 hommes ; aussi la victoire fut facile pour l'ennemi.

Les trois compagnies dirigées par le commandant Fradet, qui, déployées en tirailleurs, occupaient une belle position défensive, ne la laissèrent que lorsque l'artillerie fut hors des atteintes de l'ennemi et que les colonnes prussiennes eurent envahi le village de Chahaignes. Le froid était très vif, la neige ne cessait de tomber à gros flocons depuis le matin, et au bout d'une heure elle atteignait sur le sol une hauteur d'au moins 0m 40c, ce qui rendait extrêmement pénible la marche des troupes, déjà fort affaiblies par les fatigues de la veille et par le manque de nourriture et de sommeil. Le 2e bataillon et une fraction du 3e marchaient alors sur Ecommoy, où ils furent cantonnés le 9 au soir. Le 1er bataillon, qui avait soutenu la lutte et conservé jusqu'au dernier moment ses positions, voulant éviter les colonnes ennemies qui le poursuivaient et les tromper sur la marche de la division, prit une route opposée à celle suivie par cette dernière. Il passa derrière Chahaignes, contournant la forêt de Bersay, et s'arrêta le même soir à la Piletière, à une distance de 16 kilomètres environ du lieu du combat. Puis le lendemain, reprenant sa marche, dès le point du jour, traversa la partie sud de cette même forêt, gagna Mayet où les hommes ne purent recevoir pour tous vivres que chacun une livre de pain.

Nous tenons à constater ici l'accueil peu sympathique et peu patriotique surtout, qui fut fait par le maire de cette localité, aux troupes de ce bataillon qui venaient de lutter énergiquement pendant deux jours. Cela est honteux à dire, mais des faits semblables doivent être signalés. Ce maire alla jusqu'à refuser du pain à de malheureux enfants qui n'avaient pris aucune nourriture depuis près de quarante-huit heures et qui, on peut le dire, avaient rempli loyalement leur devoir.

Partie dans le jour de Mayet, cette petite colonne s'arrêta à la nuit à Requeil, où elle fut reçue avec un véritable enthousiasme par la population : les habitants se disputaient entr'eux les hommes, chacun voulait en avoir à loger et à héberger. Le 11 janvier, le commandant du bataillon, qui avait fait prendre des renseignements sur la marche de la division dont il suivait les traces depuis son départ de Chahaignes, la rejoignit dans les bois d'Arnage, près du Mans, et rallia le même soir le régiment qui occupait déjà ses positions.

Depuis le matin, le canon grondait du côté du Mans, et lorsque la division arriva, ce fut pour prendre part à la lutte gigantesque qui était engagée. Pendant toute la nuit du 11 au 12, les troupes placées au nord du bois d'Arnage, et les 700 hommes du régiment formant la colonne mobile partie de Lhomme le 1er janvier, soutinrent l'effort de l'ennemi qui voulait s'emparer des lieux qu'ils occupaient.

La bataille continuait toujours et, malgré l'obscurité, la fusillade ne cessa pas un seul instant ; enfin, l'ennemi étant parvenu, grâce aux nombreux renforts qu'il avait reçus dans la nuit, à s'emparer du Tertre-Rouge et de la Tuilerie, le 12 au matin, la retraite fut ordonnée, et l'armée, abandonnant le Mans, se retira en arrière de la Sarthe ; les Prussiens entrèrent immédiatement dans la ville. Pendant ces deux jours de combat, le régiment eut plusieurs hommes tués et blessés et quelques prisonniers.

QUATRIÈME PARTIE.

Retraite du Mans sur Laval et Saint-Berthevin. — Armistice du 28 janvier. — Départ du 16ᵉ corps pour Châtellerault. — Cantonnement du 8ᵉ mobiles à Thuré, puis à Targé. — Signature des préliminaires de paix. — Retour du régiment dans la Charente-Inférieure. — Son licenciement.

Dans la soirée du 12, le régiment de la Charente-Inférieure s'arrêta à Coulans. Les hommes manquaient de tout, aucune distribution n'avait été faite depuis trois jours, par suite de la dispersion des convois. Aucun ordre n'était parvenu, point de direction assignée. Aussi plusieurs régiments se dirigèrent-ils sur Alençon et d'autres sur Laval, route que prit le 8ᵉ mobiles. A son arrivée dans cette dernière ville, le 15, il y fut cantonné.

Le 16, ordre nous fut donné, à Laval, de prendre position sur la route de Château-Gonthier avec un bataillon de chasseurs à pied et un bataillon d'infanterie de ligne, dont le commandant, comme plus ancien officier, se mit à la tête de la colonne. Nous fîmes sur la route une halte de plusieurs heures, attendant ce dernier, qui était allé chercher des ordres. A son arrivée, il dit à M. Dumontet : « J'ai reçu des instructions concernant mon « bataillon ; quant à votre régiment et au bataillon de chasseurs « à pied, je ne puis leur assigner aucune direction, suivez le « mouvement des troupes qui ont déjà dépassé Laval et passez « la Mayenne, on en va faire sauter les ponts. »

Exécutant les instructions officieuses qui venaient de leur être données, les deux commandants du 8ᵉ mobiles et du bataillon de chasseurs à pied marchèrent de concert sur Saint-Berthevin, où les troupes, faute de cantonnements, furent obligées de camper dans la neige.

Des troupes de toutes armes se dirigeant sur Vitré, le régiment de la Charente-Inférieure suivit le mouvement. Dans cette ville, les troupes furent cantonnées et reçurent des vivres de toute nature ; en outre, les voitures de convoi du régiment, qui s'y étaient retirées, contenant un grand nombre d'effets d'habillement et de campement, une distribution fut faite à ceux des hommes qui en avaient le plus besoin.

A cette époque, le régiment changea encore de commandant. Les nombreuses fatigues qu'avait eues à supporter M. le chef de bataillon Dumontet le mirent dans l'impossibilité de continuer la campagne, et il dut remettre son commandement à M. Fradet. Celui-ci, sur l'invitation du général commandant à Vitré, ramena le régiment sur Laval.

Le 20 janvier, les mobiles de la Charente-Inférieure partirent pour Saint-Berthevin, village situé à deux kilomètres de Laval, où se trouvait cantonné tout le 16e corps d'armée. A leur arrivée, les troupes reçurent des cantonnements et quatre jours de vivres. Ce fut là que, sur l'ordre du général Barry, il fut procédé au remplacement de tous les officiers, sous-officiers et caporaux qui avaient été tués, blessés ou faits prisonniers dans les derniers combats.

Le lendemain, 21 janvier, M. Maine, nommé lieutenant-colonel, vint prendre le commandement du régiment.

Après deux jours de repos, le 1er bataillon, commandé par M. Fradet, reçut l'ordre de se porter en avant, sur les hauteurs avoisinant le village de Laroche, à deux kilomètres de Laval, pour y construire des épaulements. Cette position, dominant le plateau de la rive gauche de la Mayenne, était facile à défendre et, dans ce but, on y établit une batterie d'artillerie de 4. Ces travaux furent terminés dans la même soirée, et les troupes durent prendre dans leurs différents cantonnements des dispositions de nature à parer à toute éventualité.

Le 27, ce même bataillon fut désigné par le général commandant la division, comme devant fournir pour le lendemain, dès le point du jour, 400 travailleurs, avec mission d'exécuter les ouvrages nécessaires à l'établissement d'une batterie de 7, sur les positions à droite de celles déjà fortifiées.

L'effectif du 1er bataillon ne pouvant suffire pour l'exécution des travaux ordonnés et la garde des deux batteries (une autre portion de ce bataillon était chargée de protéger la batterie de 4 dont il est parlé plus haut), le commandant fit demander du renfort et on lui adjoignit le 2e bataillon. Ces troupes devaient travailler avec la plus grande activité, parce qu'on s'attendait à une attaque, ce jour-là ; aussi, recommandation expresse avait été faite de continuer les travaux, même sous le feu de l'ennemi. Toutes les précautions usitées en pareil cas avaient été prises, tirailleurs et réserve étaient à leur poste, lorsqu'à midi arriva au régiment la notification de l'armistice signé le 28 janvier, à Versailles, entre les autorités prussiennes et M. Jules Favre, ministre des affaires étrangères de France ; dès lors, toute opération militaire quelconque dut cesser.

Depuis cette époque jusqu'au 10 février, le 1er bataillon fut cantonné dans les faubourgs de Laval ; le 2e et le 3e reprirent leurs cantonnements de Saint-Berthevin. Tout ce temps fut consacré à exercer les troupes, à passer des revues d'armes et à faire quelques distributions d'effets d'habillement.

Le 11 février, le 16e corps quitta Laval, se dirigeant sur Châtellerault, où il arriva le 22, et fut cantonné dans les environs ; le 8e régiment occupa Thuré, petit village à cinq kilomètres de la ville. Dans les derniers jours de l'armistice, les troupes furent employées à faire des tranchées et des épaulements pour protéger les abords de Châtellerault ; l'artillerie fut établie et chaque régiment fut envoyé au poste qu'il devait occuper. L'armistice devant expirer dans la nuit du 26, tout était prêt pour la reprise immédiate des hostilités, lorsqu'arriva dans la soirée la nouvelle de la signature des préliminaires de paix.

Depuis ce moment jusqu'au 5 mars, le régiment resta à Thuré ; à cette date, la 2e brigade de la 2e division alla prendre de nouveaux cantonnements dans la commune de Targé, située à cinq kilomètres en arrière de Châtellerault, où elle séjourna jusqu'au 17. Ce changement avait été opéré pour améliorer la situation des troupes qui, imparfaitement logées à Thuré, avaient beaucoup à souffrir du froid.

Le 14, M. Fradet qui, en l'absence du colonel, commandait le régiment, demanda à M. le curé de Targé de vouloir bien célébrer un service funèbre en l'honneur des mobiles de la Charente-Inférieure morts pendant la campagne. Nos aumôniers, quelque temps auparavant, avaient été rappelés dans leur diocèse. M. le curé de Targé accueillit avec empressement cette demande et se mit à la disposition du commandant. Le lendemain, 15, le régiment tout entier assista à cette touchante cérémonie : officiers et soldats, réunis dans une pieuse pensée, avaient voulu honorer la mémoire et rendre un dernier devoir non-seulement à ceux aux côtés desquels ils avaient combattu et qui étaient morts glorieusement en luttant pour la délivrance de la patrie, mais encore à ceux qui n'avaient pu supporter les nombreuses fatigues de la campagne, et que la mort avait frappés avant d'avoir vu l'ennemi.

Le 17, le régiment fit la remise de ses armes.

Avant de se séparer des troupes réunies sous son commandement, le général Barry leur adressa un ordre du jour qui nous manque, et que, pour cette raison, nous regrettons bien vivement de ne pouvoir reproduire ici.

Enfin, le 19 mars, le 8e mobiles laissa Targé pour se rendre dans la Charente-Inférieure où chacun des trois bataillons fut licencié au lieu de sa formation.

En terminant ce récit, nous croyons devoir publier la liste des récompenses accordées jusqu'à ce jour au régiment. Qu'il nous soit permis à cette occasion d'exprimer le regret de ne pas voir y figurer le nom de M. Fesseau, capitaine-major. Il ne faut point oublier que si cet officier n'a pas pris une part active aux travaux de la campagne, il a eu, au milieu de difficultés nombreuses, la lourde tâche de former le régiment. L'activité et le zèle qu'il a déployés dans ces circonstances ne peuvent rester sans récompense : avant peu, nous l'espérons, cet oubli sera réparé. Nous appelons sur ce point l'attention de nos chefs pour que justice soit rendue, et nous sommes convaincus que notre appel sera entendu.

(Voir le tableau ci-après.)

| Nos DES | | | | NOMBRE | | | Date | Citations |
Compagnies.	Bataillons.	Noms et Prénoms.	Grades.	d'années de service.	de campagnes.	de blessures.	du décret dans l'odre.	au *Journal militaire officiel.*
		OFFICIERS DE LA LÉGION D'HONNEUR.						
»	»	Baron C.-A.-H.-A. **Vast-Vimeux**	Lieutenant-colonel	12	1	»	9 Janvier	Pour s'être admirablement conduit dans les combats des 2, 3 et 4 Décembre. A Lumeau, où il a maintenu son régiment par son attitude calme et résolue et n'a quitté le champ de bataille que le dernier, en protégeant la retraite de l'artillerie.
1	»	P.-A. **Fradet**	Chef de bataillon	20	12	2	13 Sept.	S'est particulièrement distingué le 4 Décembre 1870, dans le bois de Bury-Saint-Liphard, en avant d'Orléans, en mettant en déroute la cavalerie ennemie qui cherchait à s'emparer de notre artillerie.
		CHEVALIERS DE LA LÉGION D'HONNEUR.						
3	»	L. **Du Cheyron-du-Pavillon**	Chef de bataillon	8	2	»	9 Janvier	
2	4	N. **De Thomasson**	Capitaine	4	2	»	Idem	
1	2	E.-P. **Delbos**	Idem	8	3	1	7 Mai	
3	3	L. **Dussault**	Idem	4	3	1 contusion	13 Sept.	
2	»	P.-A. **David**	Médecin aide-major	7 mois	1	»	Idem	
2	»	C. **Dumontet**	Chef de bataillon	19	2	»	27 Sept.	
1	»	A. **Hillairet**	Médecin aide-major	7 mois	1	»	Idem	
2	5	F. **Desages**	Capitaine	12	3	»	Idem	
		MÉDAILLES MILITAIRES.						
1	2	A. **Bardon**	Sergent-fourrier	7 mois	1	1	9 Janvier	
1	»	A. **Jeudy de Grissac**	Médecin sous-aide-major	7 mois	1	1 contusion	Idem	
1	1	J. **Tonzet**	Sergent-major	7 mois	1	1	Idem	
2	3	L. **Renaud**	Caporal	7 mois	1	1	Idém	
2	7	F.-E **Jacquinot**	Sergent-major	7 mois	1	1	27 Juillet	
2	6	G.-H.-V. **Jouvin**	Idem	7 mois	1	»	Idem	
2	4	A. **Poupart**	Caporal	7 mois	1	1	Idem	
2	3	E. **Giraudeau**	Sergent-major	7	1	»	13 Sept.	
3	5	A. **Fouillade**	Sergent	7 mois	1	1	Idem	
1	2	H. **Briand**	Caporal	7 mois	1	1	Idem	
1	2	E. **Gassot**	Idem	7 mois	1	1 amputé	Idem	
1	2	P. **Patrie**	Mobile	7 mois	1	1	Idem	
3	5	J. **Lalande**	Sergent	7	1	1	17 Sept.	
2	6	E. **Giraud**	Idem	7	2	»	Idem	
2	4	G. **Can**	Idem	7	1	»	Idem	
2	7	J. **Landriau**	Idem	4	1	»	Idem	
2	5	P. **Viaud**	Idem	7	1	»	Idem	
3	3	J. **Bonneaud**	Idem	7	1	»	Idem	
2	7	S. **Guinouard**	Mobile	7 mois	1	»	Idem	
1	7	L. **Bouchard**	Idem	7 mois	1	1	Idem	
3	3	A. **Chaillou**	Caporal	7 mois	1	1	5 Mai	

TABLEAU

Des Officiers du Régiment, au 23 Mars 1871.

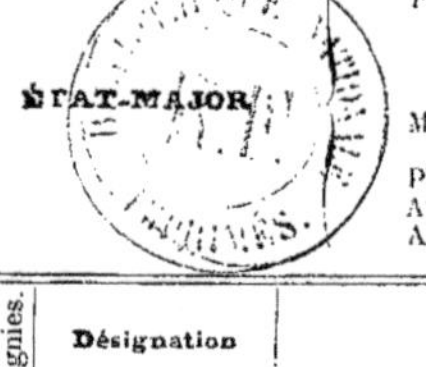

MM. Maine, lieutenant-colonel (en remplacement de M. le baron Vast-Vimeux).

Pierre-Adolphe Fradet, chef de bataillon au 1er, (en remplacement de M. Auberge, décédé).

Il n'a pas été pourvu au remplacement de M. le chef de bataillon Dumontet, qui avait été nommé à ce grade, en remplacement de M. Rimère, démissionnaire du 18 Octobre 1870.

Après le départ du commandant Dumontet, l'intérim a été fait par MM. Diard et Roche.

Marie-Charles-Louis Du Cheyron-du-Pavillon, chef de bataillon au 3e, (en remplacement de M. De La Barre, promu lieutenant-colonel).

Philippe-Aimé David, aide-major.

Amédée Hillairet, aide-major.

Alfred Blanchard, aumônier.

Numéros des compagnies	Désignation des Cantons	Noms, Prénoms et Grades des Officiers de compagnie.			Observations.
		Capitaines.	Lieutenants.	Sous-Lieutenants.	
1er BATAILLON.					
1	Archiac	J.-L. Gaborit	P. Bouchet	H. Péchard	
2	Jonzac	E. Delbos	A. Seguineau	A. Poncet	
3	Mirambeau	(1) E.-L. Landriau	L. Réguet	A. Jnin	(1) En remplacement de M. le capitaine Du Cheyron-du-Pavillon, nommé chef de bataillon, 19 Janvier 1871.
4	Montguyon	F.-J. Massé	L. De Lafargue	E. Vauguion	
5	La Tremblade	(1) M.-J. Du Cheyron-du-Pavillon	T. Bordesoule	C. De Moneys	(1) En remplacement de M. Dumontet, nommé chef de bataillon, 5 Novembre 1870.
6	Cozes et Gemozac	F.-E. Gravelin	A. Brault de Bournonville	A. Rizat	
7	Pons	(1) H.-C Le Gendre	R. Joudy de Grissac	F. Leclerc	(1) En remplacement de M. Fradet, nommé chef de bataillon, 23 Novembre 1870.
2e BATAILLON.					
1	Tonnay-Charente	(1) E. Simonneau	B. Douillet	E. Brassaud	(1) En remplacement de M. Ventre, capitaine, démissionnaire, 18 Octobre 1870.
2	Courçon	M. Danton	G.-M.-L. Biscuit	T.-C. Quéré	
3	La Jarrie	(1) H.-V. Diard	V. Saint-Blancard	N. De Charme	(1) En remplacement de M. Paris, capitaine, tué à l'ennemi, 7 Janvier 1871.
4	La Rochelle	N. De Thomasson	H. Régnier	L. Mathé	
5	Marennes	(1) B. Leroy	A. Jeaudeau	A. Barthe	(1) En remplacement de M. Baudard, capitaine, démissionnaire, 18 Octobre 1870.
6	Rochefort	G. Roche	G. Rouillet	A. Defreuche	
7	Surgères	(1) F. Desages	L. Boscal de Réals	S. Jossand	(1) En remplacement de M. Salvain, capitaine, démissionnaire, 18 Octobre 1870.
3e BATAILLON.					
1	Burie	(1) J. Belenfant	A. Clais	B. Ferret	(1) En remplacement de M. Blay, capitaine, tué à l'ennemi, le 8 Janvier 1871.
2	Saintes	(1) T. Legardeur de Tilly	L. Vignolles	V. Amblard	(1) En remplacement de M. Delmas, capitaine, passé dans un régiment d'infanterie de ligne, au mois d'Octobre 1870.
3	Saint-Porchaire	(1) J.-B.-L. Rousset	G. De Dampierre	E.-A. Guignard	(1) En remplacement de M. Caudefroy, capitaine, passé au service de l'intendance, 23 Novembre 1870.
4	Loulay	1) C.-H-M. Green de Saint-Marsault	L. Roy de Loulay	E. Bonneau	(1) En remplacement de M. Dussault, capitaine, fait prisonnier de guerre, le 8 Janvier 1871, à Ruillé-sur-Loir.
5	Matha	E. Esmenjeau	C. Chaudreau	F. Mathéodu	
6	Saint-Hilaire	(1) Y. Delage de Luget	L. De Grimouard	A. Bergeron	(1) En remplacement de M. Robert, capitaine, fait prisonnier de guerre, 8 Janvier, à Ruillé, et, qui en Décembre 1870, avait été nommé capitaine en remplacement de M. de Clauzade, démissionnaire.
7	St-Jean d'Angély	L. Allenet	M. Le Berthon	E. Morin	

OFFICIERS

Faits prisonniers pendant la campagne, et qui, remplacés dans leurs grades, sont mis à la suite.

J.-P.-E. Dussault	Capitaine	Fait prisonnier de guerre le 8 Janvier 1871, à Ruillé-sur-Loir.
J.-G. Robert	Idem	Idem.
P.-E. Gruel-Villeneuve	Lieutenant	
J.-B.-E. Charrier	Idem	Fait prisonnier de guerre le 9 Décembre 1870, à Chambord.
A. Delmas	Sous-Lieutenant	Idem.
S. Martin Dupont	Idem	Idem.
J. Boutin	Idem	Fait prisonnier de guerre le 8 Janvier 1871, à Ruillé-sur-Loir.

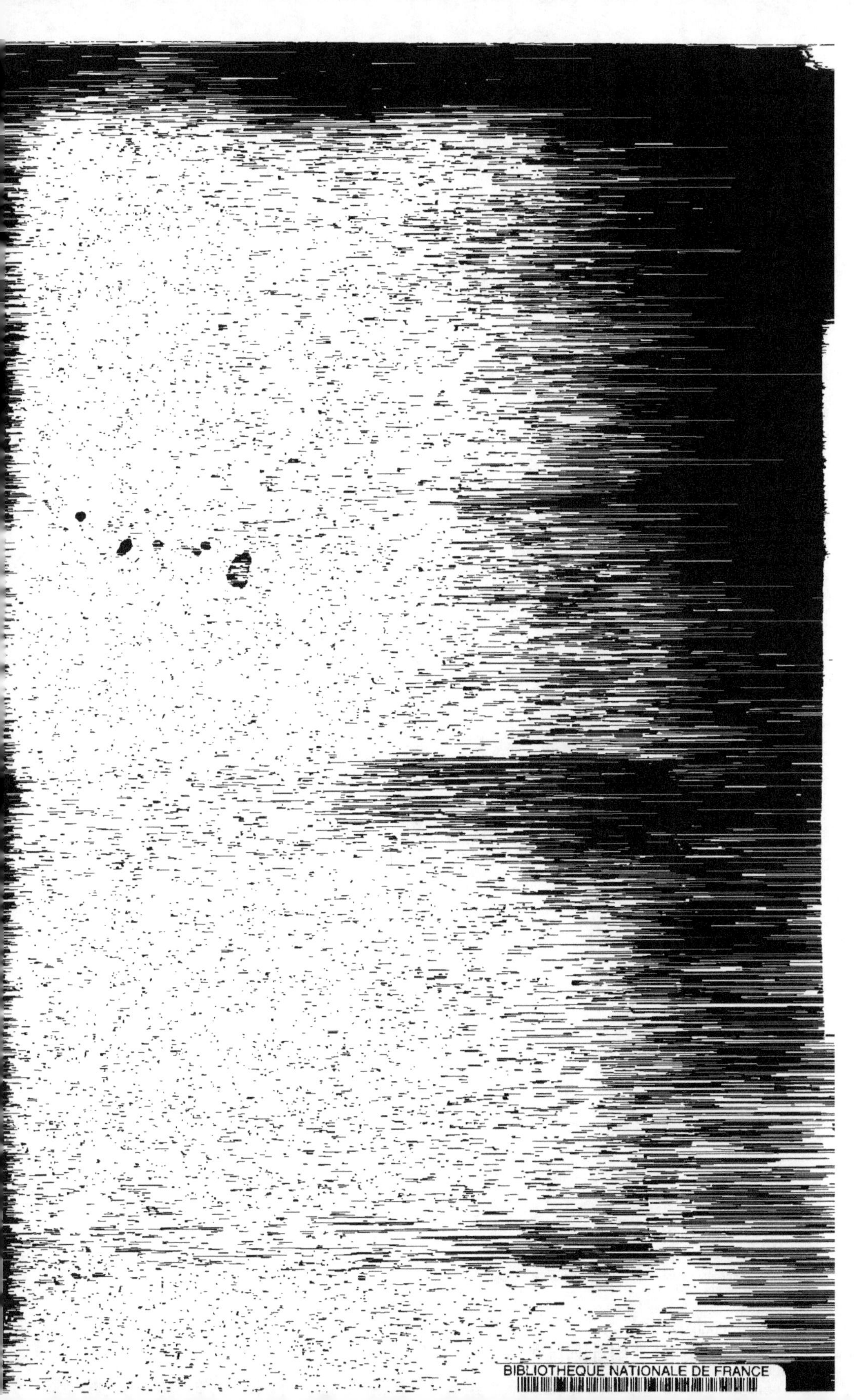

www.ingramcontent.com/pod-product-compliance
Lightning Source LLC
Chambersburg PA
CBHW071519030726
47593CB00003B/1338